WOULD YOU

Happy Valentines Day

This Book Belongs To:

WOULD YOU RATHER...

USE WHIPPED CREAM

love — **OR** — _oval_

CHOCOLATE SYRUP DURING FOREPLAY?

HAVE A SPONTANEOUS QUICKIE IN A PLACE WHERE WE MIGHT GET CAUGHT

love — **OR** — _oval_

PLAN AN INTIMATE NIGHT AT HOME?

WOULD YOU RATHER...

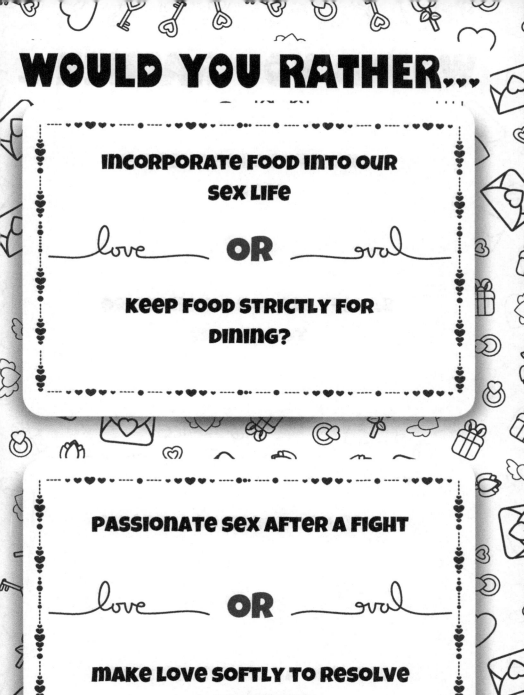

INCORPORATE FOOD INTO OUR SEX LIFE

love ____ OR ____ oval

KEEP FOOD STRICTLY FOR DINING?

PASSIONATE SEX AFTER A FIGHT

love ____ OR ____ oval

MAKE LOVE SOFTLY TO RESOLVE A CONFLICT?

WOULD YOU RATHER....

TALK DIRTY TO ME OVER TEXT ALL DAY

love ____ **OR** ____ _oval_

SAVE IT ALL FOR WHEN WE'RE TOGETHER?

WEAR PROVOCATIVE LINGERIE

love ____ **OR** ____ _oval_

NOTHING AT ALL UNDER YOUR CLOTHES FOR A DATE NIGHT?

WOULD YOU RATHER....

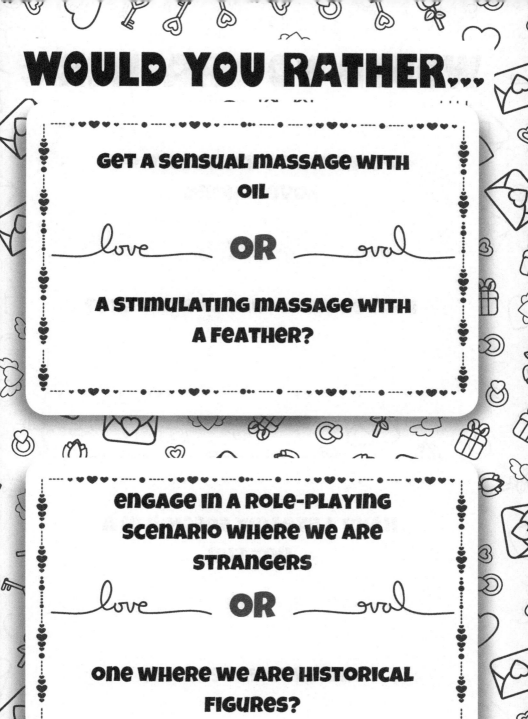

GET A SENSUAL MASSAGE WITH OIL

love **OR** _oval_

A STIMULATING MASSAGE WITH A FEATHER?

ENGAGE IN A ROLE-PLAYING SCENARIO WHERE WE ARE STRANGERS

love **OR** _oval_

ONE WHERE WE ARE HISTORICAL FIGURES?

WOULD YOU RATHER...

INCORPORATE MUSIC INTO OUR LOVEMAKING

love ___ OR ___ oval

PREFER THE SOUNDS OF NATURE?

HAVE A STEAMY SESSION IN A HOT TUB

love ___ OR ___ oval

UNDER A WATERFALL?

WOULD YOU RATHER...

HAVE YOUR HAIR PULLED

love ___ **OR** ___ *oval*

YOUR BACK SCRATCHED?

END EVERY DATE NIGHT WITH A SENSUAL DANCE

love ___ **OR** ___ *oval*

A STRIPTEASE?

WOULD YOU RATHER...

HAVE SEX WHILE WATCHING A STEAMY MOVIE

love — **OR** — *oval*

WHILE LISTENING TO SEDUCTIVE MUSIC?

HAVE A HUSHED QUICKIE WHILE GUESTS ARE IN THE OTHER ROOM

love — **OR** — *oval*

WAIT UNTIL EVERYONE LEAVES?

WOULD YOU RATHER...

HAVE ME SPEAK IN AN ACCENT
DURING FOREPLAY

love — OR — *oval*

STAY COMPLETELY SILENT BUT
VERY EXPRESSIVE?

SHOWER TOGETHER EVERY DAY

love — OR — *oval*

ONLY HAVE BUBBLE BATHS
TOGETHER ON SPECIAL
OCCASIONS?

WOULD YOU RATHER...

EXPLORE NEW TERRITORIES
WITH BODY PAINT

love —— **OR** —— *oval*

WITH BLINDFOLDS AND
SENSATION PLAY?

MAKE OUT IN THE RAIN

love —— **OR** —— *oval*

IN THE BACKSEAT OF A CAR?

WOULD YOU RATHER...

HAVE ME TEASE YOU WITH A FEATHER

love ——— **OR** ——— oral

WITH ICE CUBES?

WAKE UP TO ORAL SEX

love ——— **OR** ——— oral

TO A FULL-BODY MASSAGE?

WOULD YOU RATHER...

SKINNY DIP AT MIDNIGHT

love **OR** *oval*

SUNBATHE NUDE?

PLAYFULLY WRESTLE IN BED

love **OR** *oval*

HAVE A TICKLE FIGHT?

WOULD YOU RATHER...

MAKE LOVE IN FRONT OF A FIREPLACE

love — **OR** — *oval*

BY THE LIGHT OF HUNDREDS OF CANDLES?

RECEIVE A SEXY VOICEMAIL

love — **OR** — *oval*

AN EXPLICIT PICTURE MESSAGE?

WOULD YOU RATHER...

BE GENTLY DOMINATED

love ___ **OR** ___ *oval*

GENTLY DOMINATE ME?

USE BODY CHOCOLATE

love **OR** *oval*

EDIBLE UNDERWEAR?

WOULD YOU RATHER...

explore KAMASUTRA TOGETHER

love ___ OR ___ oval

TAKE A STEAMY COUPLE'S YOGA CLASS?

HAVE SEX IN A LUXURIOUS HOTEL ROOM

love ___ OR ___ oval

IN A COZY CABIN IN THE WOODS?

WOULD YOU RATHER...

SPEND AN ENTIRE DAY TEASING
EACH OTHER WITHOUT RELEASE

love ___ **OR** ___ *oval*

HAVE IMMEDIATE
SATISFACTION?

HAVE YOUR BODY WORSHIPED

love ___ **OR** ___ *oval*

WORSHIP MY BODY?

WOULD YOU RATHER...

EXPLORE LIGHT BONDAGE

love — **OR** — _oval_

SENSORY DEPRIVATION?

SPEND A DAY SEXTING

love — **OR** — _oval_

HAVE AN HOUR OF UNINTERRUPTED PHONE SEX?

WOULD YOU RATHER...

PLAY NAUGHTY CHARADES

love ___ OR ___ oval

HAVE A SEXY SCAVENGER HUNT?

BE SERENADED WITH A LOVE
SONG BEFORE SEX

love ___ OR ___ oval

BE READ EROTIC POETRY AFTER?

WOULD YOU RATHER....

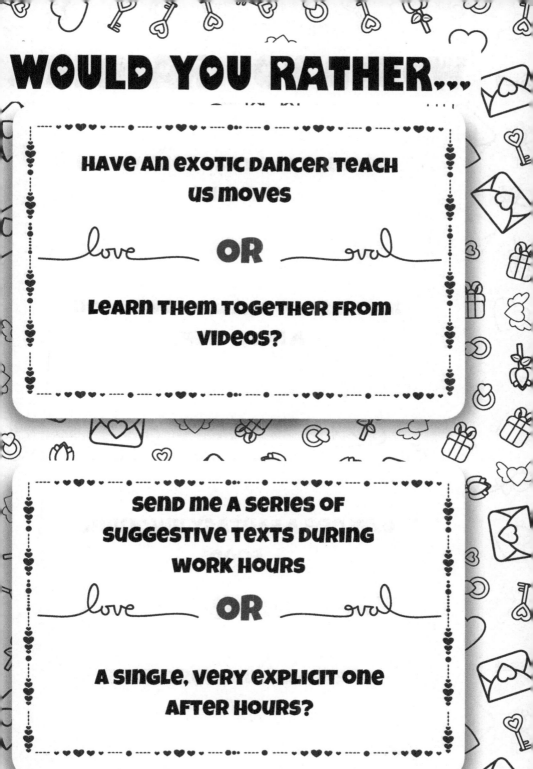

HAVE AN EXOTIC DANCER TEACH US MOVES

love ____ **OR** ____ *oval*

LEARN THEM TOGETHER FROM VIDEOS?

SEND ME A SERIES OF SUGGESTIVE TEXTS DURING WORK HOURS

love ____ **OR** ____ *oval*

A SINGLE, VERY EXPLICIT ONE AFTER HOURS?

WOULD YOU RATHER...

HAVE SEX IN A COZY TENT WHILE CAMPING

love — **OR** — *oral*

IN THE BACK OF A LUXURY SUV ON A ROAD TRIP?

EXPLORE A FANTASY INVOLVING FOOD

love — **OR** — *oral*

ONE INVOLVING COSTUMES?

WOULD YOU RATHER...

SPEND A COLD DAY UNDER THE
COVERS WITH ME

love **OR** *oval*

A HOT NIGHT UNDER THE STARS?

SEDUCE ME WITH A STRIP TEASE

love **OR** *oval*

WITH A LAP DANCE?

WOULD YOU RATHER...

HAVE SEX IN AN ELEGANT, ANTIQUE CHAIR

love — **OR** — *oval*

ON A FLUFFY, MODERN RUG?

EXPLORE LIGHT BDSM

love — **OR** — *oval*

HAVE A ROMANTIC, ROSE-PETAL-COVERED BED EXPERIENCE?

WOULD YOU RATHER...

HAVE ME LEAVE SEXY NOTES ALL OVER THE HOUSE

love **OR** *oval*

SEND YOU PROVOCATIVE EMAILS THROUGHOUT THE DAY?

HAVE ME WEAR LEATHER

love **OR** *oval*

LACE?

WOULD YOU RATHER...

PLAY A DIRTY QUESTION GAME

love ___ **OR** ___ oval

ACT OUT A NAUGHTY FANTASY?

HAVE ME WRITE MY DESIRES ON YOUR BODY

love ___ **OR** ___ oval

WHISPER THEM IN YOUR EAR?

WOULD YOU RATHER...

HAVE SEX WITH ONLY ONE POSITION ALLOWED

love — **OR** — *oval*

HAVE SEX WITH NO TOUCHING ALLOWED?

SNEAK A KISS IN A CROWDED ROOM

love **OR** *oval*

SNEAK A TOUCH UNDER THE TABLE?

WOULD YOU RATHER...

MAKE LOVE IN FRONT OF A
MIRROR

love ___ **OR** ___ *oval*

IN COMPLETE DARKNESS?

LEAVE A HICKEY WHERE ONLY
YOU CAN SEE IT

love ___ **OR** ___ *oval*

IN A PLACE WHERE IT'S
NOTICEABLE?

WOULD YOU RATHER...

PLAY A SEXY TRUTH OR DARE

love __ **OR** __ *oval*

A GAME OF EROTIC HIDE AND SEEK?

WATCH YOUR PARTNER MASTURBATE

love __ **OR** __ *oval*

HAVE YOUR PARTNER WATCH YOU MASTURBATE?

WOULD YOU RATHER...

SWITCH CLOTHES WITH YOUR PARTNER

love ___ **OR** ___ *oval*

BE NAKED ALL WEEKEND?

PLAY A GAME OF TRUTH

love ___ **OR** ___ *oval*

DARE OR STRIP POKER?

WOULD YOU RATHER...

HAVE REALLY CHEESY DIRTY TALK

love **OR** _oval_

HAVE COMPLETELY SILENT SEX?

HAVE SEX WITH YOUR CELEBRITY CRUSH

love **OR** _oval_

YOUR HIGH SCHOOL CRUSH?

WOULD YOU RATHER...

HEAR YOUR NEIGHBORS HAVE SEX

love __ OR __ *oval*

HEAR YOUR NEIGHBORS HAVE SEX?

USE SEX TOYS

love __ OR __ *oval*

HANDCUFFS?

WOULD YOU RATHER...

REVEAL YOUR DEEPEST SEXUAL FANTASY

love **OR** _oval_

SHARE YOUR MOST EMBARRASSING SEX STORY?

HAVE A LOVE BITE ON YOUR NECK

love **OR** _oval_

ON YOUR CHEST?

WOULD YOU RATHER...

SLEEP WITH SOMEONE WHO IS COMPLETELY SILENT

love — **OR** — _oval_

SOMEONE WHO'S EXTREMELY LOUD WHILE THEY HAVE SEX?

RECEIVE A NUDE

love **OR** _oval_

A DIRTY TEXT?

WOULD YOU RATHER....

TRY A NEW SEX POSITION

love ___ **OR** ___ _oval_

A NEW SEX TOY?

WATCH PORN

love **OR** _oval_

READ EROTICA?

WOULD YOU RATHER...

HAVE SEX WITH YOUR BIGGEST
CELEBRITY CRUSH

love —— **OR** —— _oval_

YOUR FAVORITE PORN STAR?

HAVE A QUICKIE AND ALWAYS
ORGASM

love —— **OR** —— _oval_

LONG PASSIONATE SEX BUT
NEVER ORGASM?

WOULD YOU RATHER...

HAVE SEX ONLY IN DARKNESS

love — **OR** — *oval*

IN TOO BRIGHT LIGHTING?

END A FIRST DATE WITH SEX

love — **OR** — *oval*

WITH PASSIONATE SEX?

WOULD YOU RATHER...

HAVE YOUR PARTNER ONLY BE
ABLE TO USE YOUR HANDS

love ___ **OR** ___ *oval*

THEIR MOUTH DURING
FOREPLAY?

TRY POLE DANCING

love ___ **OR** ___ *oval*

LAP DANCING?

WOULD YOU RATHER...

HAVE AMAZING FOREPLAY

love _____ **OR** _____ *oval*

AMAZING SEX? BUT NEVER BOTH?

SUCK MY TOES

love _____ **OR** _____ *oval*

HAVE YOUR TOES SUCKED?

WOULD YOU RATHER...

MAKE A SEX TAPE

love ____ OR ____ oval

WRITE EROTICA ABOUT US?

USE WAX PLAY

love ____ OR ____ oval

SPANKING AS FOREPLAY?

WOULD YOU RATHER....

LOSE ALL SENSE OF TOUCH

love — **OR** — _oval_

ALL SENSE OF TASTE?

BE BAD AT FOREPLAY

love — **OR** — _oval_

BE BAD AT SEX?

WOULD YOU RATHER...

ONLY ORGASM ONCE A YEAR

love ____ OR ____ oval

ORGASM EVERY TIME YOU sneeze?

FART DURING SEX

love ____ OR ____ oval

BURP EVERY TIME YOU ORGASM?

WOULD YOU RATHER....

HAVE A ONE-NIGHT STAND WITH
A STRANGER

love ____ **OR** ____ *oval*

YOUR CHILDHOOD BEST FRIEND?

GIVE

love ____ **OR** ____ *oval*

RECEIVE A LAP DANCE?

WOULD YOU RATHER...

PUBLISH YOUR SEARCH HISTORY

love ___ **OR** ___ oval

PUBLISH YOUR nUDES?

BE REALLY SKILLED IN THE BEDROOM

love ___ **OR** ___ oval

REALLY ATTRACTIVE?

WOULD YOU RATHER...

HAVE A FRIEND WITH BENEFITS

love —— **OR** —— *oval*

A ONE-NIGHT STAND EVERY WEEKEND?

HAVE BAD BREATH DURING SEX

love —— **OR** —— *oval*

BAD BODY ODOR?

WOULD YOU RATHER...

NEVER HAVE AN ORGASM AGAIN

love ___ **OR** ___ _oral_

ORGASM EVERY HOUR ON THE HOUR?

ONLY HAVE SEX IN BED FOR THE REST OF YOUR LIFE

love ___ **OR** ___ _oral_

NEVER BE ABLE TO HAVE SEX IN BED AGAIN?

WOULD YOU RATHER...

PUBLISH YOUR PORN SEARCH HISTORY

love — **OR** — *oval*

READ ALL YOUR TEXT MESSAGES ALOUD TO YOUR HOMETOWN?

HAVE A ONE-NIGHT STAND

love — **OR** — *oval*

A BUBBLE BATH WITH A STRANGER?

WOULD YOU RATHER...

HAVE SEX WITH SOMEONE YOU HATE BUT THE SEX IS AMAZING

love **OR** *oval*

HAVE SEX WITH SOMEONE YOU LOVE BUT THE SEX IS TERRIBLE?

ALWAYS HAVE SEX WITH THE LIGHTS ON

love **OR** *oval*

IN A PITCH-BLACK ROOM?

WOULD YOU RATHER...

never HAVE A GOOD meal AGAIN

love — **OR** — *oval*

never HAVE GOOD SEX AGAIN?

never HAVE FOREPLAY AGAIN

love — **OR** — *oval*

ONLY HAVE FOREPLAY AND no PENETRATIVE SEX OF ANY KIND FOR THE REST OF YOUR LIFE?

WOULD YOU RATHER...

CRY EVERY TIME YOU CLIMAX

love — **OR** — _oval_

HAVE AN ORGASM EVERY TIME
YOU CRY?

HAVE A THREESOME WITH
SOMEONE YOU KNOW

love — **OR** — _oval_

WITH COMPLETE STRANGERS?

WOULD YOU RATHER....

HAVE SEX WITH A CO-WORKER

love ——— **OR** ——— oval

WITH A HIGH SCHOOL FRIEND?

BE BLINDFOLDED

love ——— **OR** ——— oval

BLINDFOLD ME?

WOULD YOU RATHER...

ONLY HAVE KINKY SEX

love — **OR** — *oval*

ROMANTIC SEX?

HAVE MORNING SEX

love — **OR** — *oval*

LATE-NIGHT SEX?

WOULD YOU RATHER...

GIVE UP ORAL SEX

love — OR — oral

ANAL SEX?

BE DOMINANT

love — OR — oral

SUBMISSIVE IN THE BEDROOM?

WOULD YOU RATHER...

HAVE SEX IN THE BATHROOM

love ___ **OR** ___ oval

THE KITCHEN?

GO ON TOP FOR THE REST OF YOUR LIFE

love ___ **OR** ___ oval

ON THE BOTTOM?

WOULD YOU RATHER...

BE A BAD KISSER

love — **OR** — *oral*

BAD AT GIVING ORAL SEX?

ONLY GIVE

love — **OR** — *oral*

ONLY RECEIVE?

WOULD YOU RATHER...

BE TIED UP

love _____ OR _____ oval

BLINDFOLDED?

HAVE SEX IN A SECLUDED FOREST

love _____ OR _____ oval

ON A SECLUDED BEACH?

WOULD YOU RATHER...

PREFER TO TRY USING BLINDFOLDS

love — **OR** — *oval*

HANDCUFFS?

CUDDLE

love — **OR** — *oval*

MAKE OUT?

WOULD YOU RATHER...

HAVE A THREESOME

love ____ **OR** ____ oval

ONLY HAVE SEX WITH ONE PERSON FOREVER?

GIVE ME A HICKEY

love ____ **OR** ____ oval

I GIVE YOU A HICKEY?

WOULD YOU RATHER...

HAVE SEX IN A PUBLIC
BATHROOM

love ——— **OR** ——— *oral*

A PUBLIC LIBRARY?

GET ORAL IN A PUBLIC PLACE

love **OR** *oral*

HAVE SEX IN PUBLIC?

WOULD YOU RATHER...

HAVE ME SEXT YOU

love ___ OR ___ oval

HAVE PHONE SEX?

HAVE YOUR PARENTS SEE YOUR
SEX TAPE

love ___ OR ___ oval

WATCH YOUR PARTNER'S SEX
TAPE?

WOULD YOU RATHER....

DATE SOMEONE WITH A FOOT FETISH

love **OR** _oval_

WITH A PUBLIC SEX FETISH?

ONLY HAVE MISSIONARY SEX

love **OR** _oval_

ONLY HAVE DOGGY-STYLE SEX?

WOULD YOU RATHER...

HAVE A GREAT SEX LIFE WITH AN UNATTRACTIVE PERSON

love — **OR** — *oral*

A TERRIBLE SEX LIFE WITH THE MOST BEAUTIFUL PERSON IN THE WORLD?

TEASE YOUR PARTNER WITH HOT WAX

love — **OR** — *oral*

ICE CUBES?

WOULD YOU RATHER...

HAVE THE BEST SEX OF YOUR LIFE ONLY ONCE

love ——— OR ——— oval

BE STUCK WITH MEDIOCRE SEX FOREVER?

HAVE TO POOP EVERY TIME YOU HAVE SEX

love ——— OR ——— oval

NEED TO PEE DURING SEX EVERY TIME?

WOULD YOU RATHER...

PLAY A DIRTY PARTY GAME WITH
A GROUP OF FRIENDS

love —— OR ——oval

BY YOURSELF?

HAVE A QUICKIE EVERY DAY

love OR ——oval

PASSIONATE SEX ONCE A WEEK?

WOULD YOU RATHER...

TRY ROLEPLAY

love ——— **OR** ——— *oval*

TRY USING SEX TOYS?

BE TEASED ALL DAY

love ——— **OR** ——— *oval*

HAVE A QUICKIE?

WOULD YOU RATHER...

PLAY DIRTY never HAVE I ever

love —— **OR** —— _oval_

DIRTY TRUTH OR DARE?

HAVE TO REVIEW everyone YOU HAVE SEX WITH

love —— **OR** —— _oval_

HAVE THEM REVIEW YOU?

WOULD YOU RATHER...

UNDRESS ME WITH YOUR HANDS

love **OR** *oval*

WITH YOUR TEETH?

HAVE OUR KISSES TASTE LIKE CANDY

love **OR** *oval*

LIKE YOUR FAVORITE COCKTAIL?

WOULD YOU RATHER...

MAKE LOVE ON A BOAT UNDER THE STARS

love ——— **OR** ——— *oval*

IN A FIELD DURING A THUNDERSTORM?

HAVE ME DO A SEXY DANCE IN PRIVATE

love ——— **OR** ——— *oval*

IN A PLACE WHERE THERE'S A SLIGHT RISK OF BEING SEEN?

WOULD YOU RATHER...

explore a deserted island together

love — **OR** — *oval*

Get lost in a foreign city together?

TRY APHRODISIACS FOR A NIGHT

love — **OR** — *oval*

COMMIT TO A DAY OF CELIBACY BEFORE OUR DATE TO BUILD TENSION?

WOULD YOU RATHER...

SEND FLIRTY SIGNALS WITH YOUR EYES FROM ACROSS THE ROOM

love **OR** _oval_

WITH SUBTLE TOUCHES WHILE STANDING CLOSE?

LEAVE LOVE BITES IN HIDDEN PLACES

love **OR** _oval_

SOMEWHERE VISIBLE?

WOULD YOU RATHER....

INCORPORATE HONEY

love _____ **OR** _____ oval

ICE CREAM INTO OUR BEDROOM PLAY?

HAVE AN INTENSE EYE CONTACT CHALLENGE

love _____ **OR** _____ oval

A TICKLISH WHISPER CHALLENGE?

WOULD YOU RATHER...

EXPLORE EACH OTHER'S BODIES WITH FEATHERS

love **OR** _oval_

WITH SILK SCARVES?

ENGAGE IN A SEDUCTIVE WATER FIGHT IN THE SHOWER

love **OR** _oval_

IN A POOL?

WOULD YOU RATHER...

PLAY A GAME WHERE THE LOSER
HAS TO STRIP

love —— **OR** —— _oval_

WHERE THE LOSER SUBMITS TO A
DARE?

RECREATE A SCENE FROM YOUR
FAVORITE SEXY MOVIE

love —— **OR** —— _oval_

FROM A STEAMY NOVEL?

WOULD YOU RATHER...

HAVE ME IN SEXY LINGERIE

love ——— OR ——— oval

IN ONE OF YOUR SHIRTS?

SPEND AN EVENING STARGAZING NAKED

love ——— OR ——— oval

SUNBATHING NAKED?

WOULD YOU RATHER...

HAVE A SENSUOUS FOOD FIGHT

love __ **OR** __ *oval*

A SENSUAL BODY PAINTING SESSION?

GET A NAUGHTY TEMPORARY TATTOO IN A PRIVATE AREA

love **OR** *oval*

WEAR GLOW-IN-THE-DARK BODY PAINT?

WOULD YOU RATHER...

GUESS THE FLAVOR OF LIP GLOSS I'M WEARING WITH A KISS

love **OR** _oval_

IDENTIFY A SCENT I'M WEARING WITH YOUR NOSE BLINDFOLDED?

HAVE PASSIONATE SEX IN A SLEEPING BAG WHILE CAMPING

love **OR** _oval_

IN A HAMMOCK ON A SECLUDED BEACH?

WOULD YOU RATHER....

PLAY A GAME OF NAUGHTY 20 QUESTIONS

love ____ OR ____ oval

HAVE A STEAMY STORYTELLING SESSION?

BE WOKEN UP WITH GENTLE KISSING

love ____ OR ____ oval

WITH PROVOCATIVE TOUCHING?

WOULD YOU RATHER...

HAVE ME WEAR HIGH HEELS

love — **OR** — oval

ABSOLUTELY NOTHING ON MY FEET DURING OUR INTIMATE TIMES?

RECEIVE A SENSUAL POEM

love — **OR** — oval

A DIRTY LIMERICK ABOUT US?

WOULD YOU RATHER...

SPEND AN EVENING MAKING
APHRODISIAC COCKTAILS

love **OR** _oval_

BAKING SEDUCTIVE DESSERTS
TOGETHER?

HAVE A RELAXING DATE NIGHT
WITH MASSAGES AND
AROMATHERAPY

love **OR** _oval_

AN ADVENTUROUS DATE WITH
SEXY CHALLENGES?

WOULD YOU RATHER...

FIND ME WAITING FOR YOU
WEARING ONLY A BOW

love ___ **OR** ___ _oval_

DRESSED UP IN A PROVOCATIVE
COSTUME?

WRITE EROTIC FICTION TOGETHER

love ___ **OR** ___ _oval_

CREATE AN INTIMATE PHOTO
BOOK TOGETHER?

WOULD YOU RATHER...

HAVE A NAUGHTY PICNIC INDOORS

love _____ **OR** _____ oval

A SULTRY SWIM SESSION AT NIGHT?

HAVE AIRPLANE SEX

love _____ **OR** _____ oval

ELEVATOR SEX?

WOULD YOU RATHER...

GIVE A SEXY PERFORMANCE ON WEBCAM FOR EACH OTHER

love — **OR** — *oval*

RECORD AN AUDIO MESSAGE OF OUR INTIMATE MOMENTS?

EXPERIMENT WITH BODY GLITTER

love — **OR** — *oval*

WITH SCENTED OILS?

Made in the USA
Las Vegas, NV
12 February 2024

85677395R00046